AF326535